아버지의 도장

아버지의 도장

김재혁 시집

민음의 시 138

민음사

自序

 여기 지난 7년 동안 써 온 시들을 묶는다. 삶에서 약간 비켜섰던 날들의 흔적들이다. 구름 낀 날의 기억도 있다.
 나는 또 다시 길을 잃기 위해 또 다른 숲으로 떠난다.
 아직도 나와 같은 쪽을 바라보면서 함께 길을 가고 있는 모든 이에게 사랑과 감사의 마음을 전한다.

2006년 늦여름
김재혁

차례

自序 5

I 안개

안개 13
아내 15
아버지의 도장 16
막노동하는 밤 18
인터뷰하는 거닐리우스 20
또 백 원만 아저씨 22
캠퍼스의 여인 24
안암동 구두닦이 아저씨 26
노을과 대화하는 사내 28
충남상회 아저씨 30
가을 산 32
옛날 우표첩을 보며 33
북한산 딱따구리 35
한국의 꽃비를 모르는 소녀에게 36

II 묘비명

봄 안개 41
손 또는 주먹 42
정릉(貞陵)에서 44
고요 45
난해 시인 46
심장 속 장미 48
카프카 또는 나 50
묘비명 51
시와 누드 53

새파란, 54

저 하얀, 55

먼지 56

물고기의 입 57

넙치 58

햇살 59

까치집에서 60

골렘 62

이 가을에 63

시(詩) 64

어느 색소폰 연주에 부쳐 65

싱싱한 나무 관(棺)을 보면서 66

용안사 석정(石庭)에서 67

시집 68

어느 생 69

무슨 꽃 71

구례 화엄사에서 72

나는 왜 여기서 이러고 있나 74

장미 날다 75

그러므로 나는 존재한다 76

석양주(夕陽酒) 78

Ⅲ 정물

나무들 83

유기농 시(詩) 84

정물 85

무덤에 핀 아카시아 86

졸음 87

저수지 88

머슴 89
개구리 90
섬 91
채송화 92
난초 93
합장(合葬) 94

Ⅳ 추억

사랑 97
편견 98
철학 99
시기심 100
여자 101
마늘 102
추억 103
술 104
비 105
담배 106
벼락 107
까치 108
책 109
영안실 110
신발 111
태풍 112
허무의 바다 113
생각의 열매 114

작품 해설 / 오형엽
변용의 시학―색채와 음향의 이중주 115

I 안개

안개

나는 그때 그 안개의 냄새를 기억한다
후텁지근한 생활의 목욕탕에서
도망치듯 뛰쳐나와 새벽의 바람을 맞으며
또 다른 생활의 방으로 향하던 그때
학교 담벼락을 따라 새로 깐
붉고 푸른 보도블록에 눈처럼 쌓이던 안개,
그 안개의 향취에 오이처럼 상큼해지던
보도블록의 따스한 숨결을 나는 기억한다
터벅터벅 시간 속을 걸어가던
내 발길에 와서 강아지처럼 매달리던
안개의 귀여운 표정을 나는 기억한다
그리고 안개의 포근한 입김 속에
발목을 담근 채 물끄러미 내려다보던
가을 나무의 그 쓸쓸한 얼굴을 나는 기억한다
길가 수양버들 나뭇가지 사이로
매끄럽게 빠져나가던 안개의 날씬한 허리와
커다란 배라도 몰고 올 듯한 안개바다의
그 출렁임을 나는 기억한다
안개의 싱그러운 속살을
한 입 베어 먹은 나의 심장이

조금 부풀어 오르던 것도 나는 기억한다
그리고 그날 제 살을 밟으며
새벽길을 걸어간 나의 모습을
안개는 기억할 것이다

아내

진달래가 장난질 치며 놀다 간 자리에
철쭉이 요염한 자태로 생을 만끽하던 어느 봄날
하얀 표지의 문학작품처럼 감동으로 다가왔던 그녀,
내 인생의 서툰 책 사이에
책갈피로 살짝 들어와 앉아,
젊은 시절 내 그토록
해석하고 비평하려고 애썼던 작품 하나,
이젠 귀퉁이가 조금은 해지고 접히기도 해
가끔 옆으로 치워 두기도 하지만
언제나 끊이지 않는 이해와 오해의 샘,
이십여 년의 세월 동안
나의 손때와 생활의 그림자가 투영된 채
이젠 서서히 고전이 되어 가나 보다
지금 내가 그녀를 위해 할 수 있는 일이란
너무나 이른 귀가로 괴롭히는 일밖에 없는가
나는 그녀를 위해
삼류 연애소설일 뿐인가 보다,
가슴으로 새벽까지 읽어도
다 알 수 없는 빈틈없는 고전의 깊이에 비해

아버지의 도장

기억 속보다 가볍다
학교 다니던 시절
생활통지표 한 귀퉁이를 위해
존재하던 너
서랍을 정리하다 다시 발견한
아버지의 목도장
지금도 어린 시절의 기억이 되살아나
조금은 무섭기도 하다
박달나무 끝에 서려 있는
아버지의 엄한 얼굴
단단한 석 자의 한자로 새겨진
나와의 붉은빛 인연이다
가운데 글자는 새파란 서리 상(霜) 자,
언젠가 아버지의 감시가 소홀해졌을 때
내 손안에 들어와
서리 같은 서늘함을 싸늘히 맛보며
콩콩대는 가슴으로 몰래 찍어 가던 성적표
그때의 죄책감이 조금은 되살아나
내 이마에 아버지가 너를 쿡 찍으실 것만 같다
아, 마음에 새겨지는 붉은 인주 같은 추억들,

내 인생의 성적표에 찍혀지는
아버지의 목도장
인생의 글자 사이의 틈이 메워지지 않게
늘 조심하라며

막노동하는 밤

건너편을 밝히던 불빛은 사라졌다
길바닥에선 제 존재를 확인하는 소리들,
간혹 어둠의 귀퉁이를 갉아먹는 소리들,
어둠의 자리를 차지한 온갖 음향들로
환하게 밝혀진 공간 속에서
노트북의 조그만 화면, 빛의 입자들 속
까만 커서는 사십여 년을 써 온 나의
망막에 와서 등대처럼 깜박이며
뭔가 조잘조잘 떠들어 댄다
그때마다 나는 귄터 그라스,
『넙치』의 허연 뱃가죽 무늬를 들여다보며,
지난날 논두렁에 앉아 새참을 먹던
고향, 웃통을 벗어젖힌 일꾼들이 그랬듯이
시원한 막걸리를 벌컥벌컥 들이켠다
새큼한 주정(酒精)의 물결이 머릿속에서
독일어의 낱말들을 태우고
흥겹게 뱃노래를 부르면
어느덧 한 줄의 깨끗한 변용이 일어나
좀 지저분하게 생긴 귄터 그라스가
웬일로 산뜻하게 하얀 한복을 차려입고

우리 동네 논두렁에 앉아 있다
그와 주거니 받거니
떠들다 보면 한 조각 김치 안주에
어느새 막걸리 세 통이 거덜 나고
그라스가 한 곡조 뽕짝을 뽑아 댄다
그의 노래는 모두 빛으로 환산되어
깜박이는 커서 속으로 찬찬찬 사라지고
그의 노래가 지나간 흔적 뒤에 남는 것은
내가 좋아하는 그 날씬한 한글 명조체.
딸애는 나보고 왜 아빠는 번역을 하면서
막걸리를 마시느냐고 하지만,
이건 막노동이야,
주신(酒神)의 힘을 빌려야지,
나는 오늘도 두 나라 낱말의 지게꾼,
낱말들을 짊어지고 막노동을 한다.

인터뷰하는 거닐리우스*

그의 덥수룩한 머리에 늦은 봄비가
떨어지던 날 나는 보았네
얼굴에 스치는 빗방울에
어리는 철쭉의 붉은빛을
곁눈으로 바라보며
깊은 생각 속에서 붉은 혀를 꺼내
핫도그 같은 마이크를
맛있게 아작아작 깨물며
지나가는 나를 향해 슬쩍
미소 짓던 그의 그 시커먼 동굴에서
이처럼 쏟아지던 하얀 낱말들을.

이젠 걷지 않고 서서
농경민족이라도 된 듯
고려대의 정기를 온몸에 받는다며
하루 종일 걸어 다니던 구두를
잠시 벤치 옆에 쉬게 하고
지금까지 발로 번
낱말들의 수를 헤아려
마이크 속에 집어넣던,

잠시 이상해진 거닐리우스,

정말 땅의 정기를 느끼려면
구두를 벗어야 하리.
거닐리우스여,
맨발로 거닐어라.
서 있지 말고 걸어라
주머니에 들어올 낱말들의
보상을 생각하지 말고
거닐리우스여
니힐리스무스여
밟은 땅마다 붉은 꽃을 피워라
차라리 옷마저 벗으면
노란 호박꽃이라도 필까

* 거닐리우스: 고려대학교 안암동 캠퍼스를 비가 오나 눈이 오나 배회하는, 턱수염 덥수룩한 한 중년의 사내에게 붙여진 별명.

또 백 원만 아저씨

그의 안에는 무엇이 들어 있을까
에베레스트 정상에 선 등반대장처럼
덥수룩한 수염을 큼직한 두건 속에
숨기고 서 있는 그의 안에는
강원도 오지의 폐가를 지키는
커다란 구렁이라도 살고 있는가.
휘청거리는 생명의 수맥이 아직도 그의 땅을 적셔
그의 눈에 희미하나마 불이 들어오는 모양이다.
폐차장에 버려진 자동차의 전조등처럼 깨진 실눈을 뜨고
지나가는 사람의 등에 대고 외치는
녹슨 목소리, "백 원만!", 아니 "오백 원만!"
이제 더 이상 새것으로 교환할 수 없는 엔진 소리.

새로운 횡단보도가 생겨
이제 거의 폐가가 된 고려대 앞 지하도를
지키는 그는 사실 능구렁이인지도 모른다.
아니면 지하도가 그를 지켜 주는
어머니의 품속일까.

오늘도 그곳엔 십여 년의 틀에 박힌

그의 모습이 주위 공기를 누렇게 물들이며
색 바랜 사진처럼 걸려 있다.
기억의 메주 냄새를 맡으면서.

캠퍼스의 여인*

그녀를 나는 모른다
흰 비둘기가 들어 있을 것 같은
검은 모자와
방금 시장을 봐 가지고 돌아오는 듯한
비닐봉지,
약간 낡은 검은 외투
멀리서 보면 분명
평범한 아줌마지만
나는 보았다
그녀가 교수 연구실 곳곳을 기웃거리며
뭔가 쪽지를 남기고 사라지는 것을.
어떤 이의 말에 의하면
이 학교의 까마득한 학번을 지닌
선배로서 전직 기자라고도 하고
타지에 나갔다 정말 횔덜린처럼 아폴로한테
머리를 얻어맞고서 어떻게 되었는지,
캠퍼스 곳곳에서 마주치는
그녀의 비닐봉지에 들어 있는 것은
배추나 열무 혹은 간장 병이 아니라
빼곡한 노트와 뭔가를 적은 듯한 종이들이다

예부터 아는 사람이나,
유명한 분들에게는 자신의 시를
몇 자 적어 연구실 앞에
붙여 놓고 간다는데,
무명 시인인 나는 한 번도 받은 적이 없다.
나는 그저 그녀가 언젠가
보이지 않는 곳에서
자기 모자 속에 들어 있는
흰 비둘기를 날려 보내며
그 날갯짓의 흔적을 뒤쫓는
모습만 상상할 뿐이다
못다 이룬 꿈이 은빛으로 부서지는 것을

---

* 늘 고려대학교 안암동 캠퍼스 안을 서성이는, 검은 옷차림의 초로의 여인.

안암동 구두닦이 아저씨

세월의 강물에 잠식되어
한쪽이 허물어진 입술의 제방
너머로 가끔 히죽히죽
웃음의 돌팔매질을 하며,
구두를 닦으러 온 나를
실눈으로 쳐다보는 그는 정녕
탈춤 마당의 하회탈,
사십여 년의 세월을
이곳에서 견딘 나인데
네깐 게 뭣이냐 하며
던지는 또 한 번의 돌팔매질,
순간 나는 고찰(古刹)에 들어선
낯선 나그네가 된다.
주지 스님의 말씀에
역사의 연을 타고 날아올라
하늘 높이 두리둥실 떠가던
저 높은 분들의 얼굴이
가을 낙엽처럼 우수수 지고,
멍하니 하늘만 바라보다가
설익은 말조차 한마디 못 꺼낸 채

불당의 헌금함인 듯 얼른
구두 가죽 같은 그의 손에
2000원을 보시(報施)하고
돌아서는 내 등 뒤에선
한 세월이 웃고 있다.
또 와유~이~잉.

노을과 대화하는 사내

그에겐 벤치가 삶의 버팀목이다
그에겐 저녁노을이 옷자락이요
자신의 혀를 들여다보는 거울이다
지나가는 여학생의 몸매를 훑는
그의 눈엔 가끔 빗물이 어리기도 하지만
그의 입술에서는 불경(佛經)이 단풍잎처럼
바람에 불려 떨어지다
다시 바람을 타고 올라가
서녘 하늘에 가서 붉은 노을이 된다.
저녁 공기 속엔 추억이 알알이 배어 있는지
아작아작 씹어 대는 그의 입 안엔 군침이 돌고,
저물어 가는 가을 햇살을 쪽쪽 게맛살처럼
찢어 먹는 그에게선 욕설의 향기가 풍긴다.
그가 한 장의 저녁노을이 되어
바람에 흩날릴 무렵
그의 눈엔 커다란 연못이 생기고
떨어지는 가을 나뭇잎 몇 개가 파문을 일으킨다.
나는 그 연못을 첨벙첨벙 걸어
집으로 돌아간다.
그래도 그는 그 자리에 앉아 있다.

누가 물어뜯었는지
저녁놀의 한 귀퉁이가 헐어 있다

충남상회 아저씨

길음동 골목길 새마을 이발관 옆에
지상의 온갖 청과를 다 파는
충남상회라고 있는데요. 길바닥에 떨어진
한 장 배추 잎사귀 같은 사내가
그 집의 주인이랍니다.
한 이십 년은 입음 직한
바지에 침을 묻혀 날을 세우고
나뭇잎에 앉은 잠자리가
물속 깊은 곳은 보지 않고
물살에 그냥 몸을 맡겨 떠가듯
오로지 현실의 표면만을 믿으며
도끼빗 뒤춤에 꽂고 스카프 둘러 멋 내고
그의 작은 애마 낡은 오토바이 타고
숭인 시장 골목길을 탈탈탈 내달리면
포마드 발라 한 보름은 감지 않은 머리칼이
떨어질라 애인처럼 머리에 착 달라붙지요.
늦바람 피우다 마누라에게 들켜 바가지를 긁혀도
반질반질 코팅한 심장엔 흠집 하나 나지 않는 사람
그의 마음에 앉으면 파리도 미끄러져
이마빡을 깨지요. 들판에 서 있는

늙은 옥수수처럼 바람 불면 가락 수염 날리며
매끈한 휘파람 사이로 혼자 씨익 웃는 남자 바람에 강한 남자
뭐든지 보이는 것에 충실한 남자 충남상회 아저씨

가을 산

나는 풍경 속으로 걸어 들어갔다
냄새보다 색깔이 먼저 다가오던
도봉산,
새빨간 눈매로 유혹하는
그 진한 향기에 이끌려 나는
자꾸만 자꾸만 위로 올라갔다
시나브로 어둠이 내리고 있었지만
붉게 타오르는 뜨거운 단풍의 솥 속에서
나는 서서히 익어 가는 물고기처럼
파닥거리며 조금씩 살점을 풀어 주었다
살점이 덜어질수록
나의 몸은 공기처럼 가벼워졌다
헐떡이는 숨결에 따라 나는 공처럼 튀어 올랐다
시커먼 고등어 등짝 같은 바위도 붉게 끓는
물결 속에서 허옇게 속살을 내보이며
빨간 고춧가루와 어우러지기 시작했다
부글부글 온 도봉산이 다 끓어올라
하늘의 솥뚜껑이 열릴 무렵
나는 완전히 사라졌다
생활의 뼈만 남기고
붉은빛 속으로

옛날 우표첩을 보며

 초록빛 꽃밭에는 추억과 사랑이 시간을 잊은 채 피어
있다.
 그곳으로 중학교 삼 년 동안의 하늘이 흘러들어 갔고
 십오 리 통학 길의 코스모스의 정겨운 흔들림과
 꿀벌들의 애틋한 입질이 흘러들어 갔으며
 염소의 애처로운 울음소리와 고향 마을 냇물 소리가
 내 불안한 어린 시절의 두근대는 심장 소리를 흉내 내며
 섞여 들어가 이젠 한 줄기 커다란 강이 되어 흐르고
있다
 거기 내 귀를 기울이면
 그 꽃밭을 내게 가꾸도록 터를 마련해 주신
 정겨운 어머니의 목소리가 들려오고
 따르릉 멀리 우편배달부의 자전거 소리도 들리고
 어느 이국 소녀의 편지에서 우표를 떼어 내던
 내 어린 손의 손가락 움직임 소리도 들려와
 졸졸대던 추억이 내 가슴속에 홍수를 이룬다
 울타리 측백나무에 와서 조잘대다가 후루룩 날아가던
참새들,
 그들의 그 귀엽던 발가락도 내 푸른 꽃밭에 하트 모양
으로 남아
 낡은 우표첩을 펼치면 그곳엔 육칠십 년대를 주름잡던

어느 분의 근엄한 초상화는 보이지 않고
흐르던 세월이 박제되어 앨범처럼 펼쳐져 있다
지금, 추억의 해일이 내 가슴을 덮친다

북한산 딱따구리

딱… 딱… 딱… 따르르르르……
정릉의 새벽하늘을 깨치며 들려오는
견고한 음향,
나무속에 무슨 태초의 진리라도
숨어 있는 듯 날카로운 기세로
어둠 속을 뚫고 들어가는 소리,
강철이라도 뚫어 버릴 것 같은
그 소리에 내 영혼이 뻥 뚫려
휑한 마음으로 머리를 들어 보니,
딱따구리 한 마리 나무를 쪼고,
피 묻은 애벌레의 울음소리도 들려,
괜히 돌을 집어 들어 홱 던지려는 순간,
딱따구리 나무 밑에 웬 반짝이는 물체,
멈칫, 치켜들었던 손을 내려놓으니
비로소 눈에 들어오는 웬 노인의 벗겨진 이마,
겉으로 드러난 나무속 애벌레의 영혼인가,
세월에 쪼여 하얗게 벗겨진 영혼인가
그래서 더 반짝이며
딱따구리를 지키는가
북한산 딱따구리 노인

한국의 꽃비를 모르는 소녀에게

무심하게 비 내리는 날
창문턱은 비에게 몸을 내놓았다
새봄이라 불리는 이 계절에
세상은 죽음 앞에 몸을 내놓았다
비안개가 서려 있는 창문 밖
목련은 베이지 색 청초한 생각에 잠겨 있는데
창문 안쪽 전쟁터의 소식을 알리는
신문의 글자들은 제 몸을 읽다가
포성을 피해 이리저리 흩어지고
미군 탱크가 지나는 내 눈길엔
모래 바람이 일어 눈알이 쓰리다.
독재자 후세인의 동상이 무너질 때
잠깐 빛나던 내 가슴엔 다시 불타는 유정(油井),
시커먼 빛엔 눈물 그렁그렁한,
한국의 꽃비를 모르는
이라크 소녀의 얼굴이 어린다.

내 안에 이는 모래 바람이 이슬람 목련의 마음을 더럽히고
이곳 창문턱은 한국적인 봄비에 젖고 있다.

하지만 죽음. 그것은 우리에게서 얼마나 멀리 있는가.
바그다드여, 내 어릴 적 알라딘과 요술램프는 어디에 있는가.

II 묘비명

봄 안개

인상주의 그림을 들여다보는 듯
흐릿한 햇살 속에 노적가리처럼
서 있는 키 큰 아파트의 다리가 허전하다
땅딸막한 집들은 더욱 납작하게 엎드려
두근대는 가슴을 땅바닥에 바짝 붙이고
길가에 뒹구는 지난가을의 낙엽들은
추억처럼 비치는 햇살 속에서
버려진 제 삶의 흔적을 더듬고 있다
안개의 치마에 휩싸인 서울은
간밤의 술자리를 기억하면서
춘곤증에 꾸벅꾸벅 졸고 있다
멀리서 바라보는 해의 눈망울에도
졸음기가 잔뜩 끼어 있다
다만 깨어진 사금파리만이
가끔 오기로 반짝 빛을 낸다
안개 속에 숨어서 반짝이는 삶들
졸음 속에서도 삶은 깨어 있다
시대의 어둠을 밝히는
궁핍한 시대의 시인*처럼
어디선가 싸라기 줍는 소리

* 독일 시인 프리드리히 횔덜린의 비가 「빵과 포도주」의 한 구절.

손 또는 주먹

유혈이 낭자한 권투경기를 보며
두 손에 살기(殺氣)를 은근히 움켜쥔다.
가끔 누군가를 죽이고 싶은
살의(殺意)가 눈동자를 통해 핏줄을 타고
손아귀의 힘줄을 둥글게 말아 놓는다.
동네 어귀에서 두더지 집을 만들며 놀다가
엄마 손에 잡혀 집으로 돌아오던 고사리 손이,
첫사랑의 손목을 슬며시 잡으며
설렘에 바르르 떨던 이 손이
이젠 늘 긴장을 풀지 못한 채
땀으로 범벅이 되어 삶의 언저리를 서성인다.
손바닥에 이는 폭풍,
손금에 흐르는 전류,
손아귀에 감기는 욕정,
붉은 네온사인 환락환락
혀를 날름거리는 거리를 걷거나
나를 홱 밀치고 가는 사내의 등바닥을 보면,
내 양팔에 매달린 돌멩이가
문득 더욱 단단해진다.
신을 따라 하라고

신이 만들어 준
손이 이젠 청맹과니가 되어 버렸다,
손가락 끝에 달려 있는 밝은 눈들은
이젠 안으로 안으로만 말려 있어
세상을 보지 못하니

정릉(貞陵)에서

높은 곳에서 내려다보는 늙은 무덤의 생 아래로
참새 떼가 주둥이를 반짝이며 날아다닌다.
언덕 위쪽에 나무 울타리로 막아 놓아
올라갈 수 없는 무덤과 나 사이에 생이 펼쳐져 있다.
태조 이성계의 셋째 부인 강 씨의 무덤이라는 정릉(貞陵),
한 시절 시끄럽게 떠들다 목숨을 던지는 아카시아 꽃,
때를 알아 푸른 잎을 위해 자리를 마련해 주는구나.
짙푸름 속에서 주먹만 한 내 심장이 방망이질 친다.
아까 들리던 아이들의 소리는 이승에 남은 것 같다.
간혹 보이는 전봇대가 아직은 눈에 익다.
이마에 흐르는 땀에서 살 냄새가 느껴진다.
언덕 높은 곳에서 내려다보는
강 씨 부인의 둥글고 푸른 눈동자,
내 땀 냄새를 부러워하는가.
하얗게 땅바닥에 깔린 아카시아 꽃잎 위로
적막(寂寞)이 생(生)을 덮은 정릉(貞陵),
생이나 죽음이나 정숙(貞淑)해지는 곳이다.

고요

오래 시끄러웠다
안이나 밖이나 가로수 밑이나
자물쇠가 굳게 채워진 셔터 안쪽이나,
나는 나뒹구는 침묵의 시체들을 보았다
은빛 해가 쨍그랑 깨져 쏟아지며
살아 있는 침묵들을 칼로 치는 것이었다
이제 이곳엔 고요의 전설만이 있을 뿐이다
가슴속에 품은 하얀 명함마다
나는 살아 있다고 고래고래 소리를 질렀기 때문에
가로수들이 깜짝 놀라 잎사귀를 떨었다
잎새에 매달려 있던 매미도 찔끔 오줌을 쌌다
한 가지 몸짓에는 소리의 끄나풀이 줄줄이
매달려 확성기처럼 하늘로 풀풀 날리곤 했다
야자수 위로 올라간 원숭이의
엉덩이는 더욱 빨갛게 빛났다
빨갛게 무르익은 그 엉덩이를 향해
사람들은 혓바닥으로 화살을 쏘아 댔다
지금까지 나는
살아 있는 고요를 보지 못했다
내 몸속에서 굽이치는
피의 물결마저도 너무나 시끄러웠으므로

난해 시인

그는 제 가슴으로 날아 들어오는 새의 목을 꺾었다.
그의 가슴에서 새의 노랫소리는 더 이상 들리지 않는다.
그는 물고기를 잡던 그물을 찢었다.
그의 시에서 무지갯빛 날치를 보기는 힘들다.
그는 깊은 움막으로 들어가 문을 잠가 버렸다.
그가 염불을 외는지 몰라도 그 소리는 밖으로 들리지 않는다.
그는 사람들이 사는 뭍에서 무인도로 떠나 버렸다.
그러나 그는 자신이 유배되었다는 사실을 모른다.
그의 시에서는 더 이상 달이 뜨지 않는다.
그의 가슴에는 냇물도 흐르지 않고
소나무 숲에 스치는 바람도 없으므로.
그는 늘 혼자만의 제사를 지낸다.
그 복잡한 의례의 현장,
집안에서 집안으로 전해 내려오는
아무도 모르는 밀교 의식이 그를 사로잡는다.
그의 가슴속에서는 늘 말들이 제사를 지낸다,
말들이 그를 압도한다.
그는 말의 노예가 되었다.
그의 거처는 말의 유형지(流刑地),

난해 시라는 곳, 그곳으로는
아무도 놀러 오지 않는다.

심장 속 장미

내 기억 속에 붉게 물들어 있는 너,
나는 너를 언젠가 보았다
내 마음속에서 사시사철 피어나
여러 번의 변신을 겪으며
이제는 한 송이로 남은 너,

지난날 태양 사원
신도들을 데리고 하늘나라로
올라간 어느 교주의 초상 뒤편에서
붉은빛으로 내 심장을 꿰뚫어 보던 너,

가시 없는 너를 서양 사람들은
성모마리아로 모셨다는데,
혹은 가시 있는 너를 예수로 모셨다는데,

내 가슴속에 들어와
내 심장의 자리에 붉게 피어 있는
너는
사랑의 상징도 그 무엇의 상징도 아닌
붉게 터져 나오는

너털웃음이다
내 심장이 웃어 젖히는

내 그렇게 살고 싶으니

카프카 또는 나

예수는 분명 아니다
부활한 것도 아니다
쓸 만한 날개도 없는 변신,
창문 밖에는 소나기만 쏟아질 뿐,
과거의 시간으로 돌아갈 비행선은 와 있지 않다

먼지에 날리는 햇살 속에
흐릿한 생의 옆모습이 보이고

먼지 낀 제 가슴의 방에 갇힌,
그레고르 잠자,
그가 내뱉은 말은
그의 묘비명이다,
지상에서 있었던 그의 삶을 위한……

내 생의 번쩍이는 장식 아래
벌레의 숨결이 쓸쓸하게 느껴진다

묘비명
── 릴케의 「묘비명」을 변주하여

장미여, 오 모순 덩어리여,
그렇게 평생 갈 지(之) 자 마음으로 떠돌더니
이제 두 눈 꼭 감고 잠들었구나.
그래도 꿈이 있어 제 노래가
이름 없는 자의 손길이 되어
장미를 바라보는 이의 가슴속으로
바람처럼 휘돌기를 바라노니.

아파트 상공에 달이 떴다.
단정한 장밋빛 릴케의 달이다.
한 가지 노래마다 숨결이 있고
거기에 기억이 흐르거늘.
끊임없이 입에서 입 안으로
전해져 내려온 키스의 숨결이다.
메타포가 필요 없는 사랑과 본능의 강줄기다.

묘비명을 쓰지 않아도
누구나 살아 있으니
우리의 입은 누군가의 무덤이다.
혀로 일으켜 세우는

색깔 있는 노래는 다 본능의 기억이다.
우리의 혓바닥이 모든 맛을
다 기억하고 있으니.

거칠게 흘러가는 강물 한가운데에
묘비명을 세울 필요는 없는 일이다.

시와 누드

시도 좋아하고 누드도 좋아한다는
깡마른 그 여자를 보면
나는 여름 폭포가 생각나
아니면 파도와 구름 속에
제 몸을 내팽개치면서
미친 듯이 달려드는
초가을 태풍이 생각나
어쨌든 자꾸만 물이 생각나
그 여자 얼굴에 가득 고인
갈증을 나는 손바닥에 받아
단숨에 들이켠다, 순간
내 몸속 버드나무 가지가 축 늘어진다
벌거벗은 마음들이 서로 부딪치며 한데 어울려
내 몸 어딘가에 물이 용솟음치는가 보다
목마른 그녀를 알게 된 후로
나는 버드나무를 한 그루 키우게 되었다

새파란,

구천의 하늘을 날아
저승과 이승 사이의 틈새기로 날아든 듯
커다란 물방울에 매달리듯 한 씨알로
콘크리트 담벼락에 유연하게 착지하다,
뭐라고 지껄일 입술도 없는
가늘고 긴 새파란 다리를
15층 꼭대기 허공 중 베란다 화분에
대롱처럼 꽂고서,
발밑에는
아직 어린
시간들을 불러 모아
일렬종대로 세워 놓고
온몸으로
파란 하늘에
한 생애의
상형문자를 그리며
메뚜기처럼
튀어 오를
자세로,
나팔
꽃

저 하얀,

내 머릿속을 이합집산(離合集散)하며
지나간 생각들로 밝아 온
저 빛은 어둠을 물들이는
또 다른 흉터요 길이다
날개가 온통 물에 젖은
어린 시절의 소쩍새다
아무리 속을 비워도
날지 못하는 생각의 바위다

저 하얀,
새벽 여명은,
아무리 밝고 환해도,

내가 아직 여기 있으므로

먼지

햇살 속에 드러난 먼지들의 찬란함,
천국에서 비추어 드는 서광 같구나
정자처럼 춤추며 하늘의 자궁을 향해
우르르 몰려가는 저 꼬리 달린 생각들,
유영(遊泳)하는 수억 개의 입들,
비릿한 냄새가 풍겨 온다
시끌벅적 팔다리로 휘감으며
무엇을 잉태시키려는가
하늘을 향해 길게 뻗은
먼지들의 열망,
단 한 가닥 빗줄기에
후두둑 낙태되는 수많은 욕망들,
한 번의 하늘의 몸짓에
순간 어둠 속으로 사라지지만
빛만 있으면 다시 나타나는
먼지들 속에 바로 내가 서 있다
가만히 보면 욕망은 분말이다

물고기의 입

꼭 반지 같구나
차가운 은반지,
깊은 바다 인어가 끼고 다녔나
예쁜 너의 입,
내 손가락에 끼워 보고 싶은
생각만큼이나 동그랗고
도톰한 너의 입,
만약 네 입을 보고
내 생각이 음험하게 바뀐다면,
너와 나는 태초부터
한통속이라는 뜻,
하지만 수천 번 수만 번
낚시꾼의 심술에 찢기고 찢긴
너의 입을 보면
전혀 딴생각이 안 나
나는 너덜너덜한 너의 입으로
아까 그 생각을 지우고 싶어
네 은반지에 끼웠던 내 생각을 말이야
오래 살아 닳고 닳은 네 입술로.

넙치
―귄터 그라스의 『넙치』를 읽고

그가 가는 곳엔 그늘이 진다
여자도 그늘이 지고
사랑도 그늘이 진다
여자들아,
그의 입에서 나오는 말을 믿지 마라
그의 허연 배에 마음을 주지 말고
그의 시커먼 등에 믿음을 주지 마라
그의 말로 하늘이 가려지고
그의 말로 생각이 굳는다
헤엄치는 그의 몸짓에
흔들리는 여자들아,
그의 생각의 그물에 잡히지 마라,
그 가부장적인 주둥이를 조심하라
혹은 나를 조심하라
내 안의 넙치를

햇살

아파트를 돌아 나오면서
나는 문득 생각한다
햇살이 따스하군
지난해 정동진 바닷가
모래를 덥혀 주던 저 햇살,
맑은 햇살이 자살 충동을 던진다고,
나는 어느 신문에선가 읽었다
뫼르소가 아랍인을 죽인 것도
저 빛나는 햇살 때문이라는데,
봄이 오는 아파트 도로를 걸어 나오면서
햇살의 유혹에 못 이겨
보도블록 밑에서 뭔가 몸부림치는지
발바닥이 간지럽다
그래, 저 햇살 속에는
삶과 죽음이
다 들어 있다는 생각을 해 본다
그렇다면 벤치에 앉아 눈을 감고
햇볕을 쬐는 저 여자의 머릿속엔
무엇이 들어 있을까

까치집에서

폭풍우 치는 밤,
달팽이의 껍데기 속으로
온갖 소음과 냄새가 스며든다,
따스한 국 한 그릇이 그리운 시간,
아무 일도 일어나지 않는
자장(磁場) 제로의 해역을 가고 싶다,
아니, 바다 속 깊은 곳으로 내려가
온갖 해초로 몸을 둘둘 감고
흐르는 해류에 모든 걸 떠맡긴 채
인어들의 비릿한 살 냄새를 맡고 싶은데,
일상의 파도는 까마득한 까치집 꼭대기까지
치고 올라와 거품을 흩뿌려 댄다,
흰 물보라 속에서 부끄러이 몸을 뒤트는
내 자잘한 소망의 무리,
전봇줄을 잡고 흔드는 폭풍에 쓸려
흔들리며 떨어지는 아카시아 꽃잎들,
하얗게 부서지는 죽음의 향기를 맡으며
북악스카이웨이로 자동차들이
허연 혀를 빼고 헉헉대며 기어오른다,
누군가 또 한 구비 산을 넘는구나,

저 차 안의 누군가가 궁금하다,
까치집에서 흔들리는 내겐.

골렘*

진흙으로 만든 인간,
너를 만든 랍비가
광포하게 날뛰는 네 이빨 안쪽에서
생명의 부적을 빼냈을 때,
너는 완벽하게 무너져 내렸다,
소갈머리 없는 자의 슬픔이여,
이젠 컴퓨터게임에 등장하여
어린 고사리 손의 놀림에
날래게 봉사하는구나,
지난날 프라하의 유대인 거리를 지켜 주더니,
이젠 자본주의의 첨단 상품인 게임 캐릭터,
누군가의 욕망의 부적을 움켜잡아
가슴 한가운데 붙이고 있구나,

세상 어디서나 무언가를 위해 날뛰는
저 많은 골렘, 골렘, 골렘들,
골렘의 세상, 누군가, 부적을 빼내
저들을 한 줌의 흙으로 돌려놓으라.

* 독일의 작가 구스타프 마이링크(1868-1932)의 소설 『골렘』에 등장하는, 중세의 한 랍비가 진흙으로 만들었다는 인조인간.

이 가을에

토란국 속에 배어 있는 맛처럼
언제나 추억이 알싸하게 살아나는 계절,
멀리 국화꽃 향기가
눈망울에 아른거리면
나는 부질없이 술에 취해
고요의 강가에 매인 배마냥
이리저리 일렁이다가
마음 한 자락이 물에 젖어
축축한 날에는
해맑은 가을의 노래를
가슴 깊이 한잔
쭈욱 들이켜지,
가을비에 젖은 에미넴의 목소리와
천둥소리 사이로 들려오는 다이도의 감사의 노래로
내 마음속 모세혈관의 목마름을 채우며
이 가을에

시(詩)
—아내에게

내 삶의 강물 위에
누가 띄워 놓았나
이십여 년 전부터 떠 있는
종이배 하나
내 마음 흔들릴 때마다
멀미하는 가엾고 조그만
예쁜 돛단배 하나
그대

어느 색소폰 연주에 부쳐

늦은 가을에
사랑하는 햇살을 떠나보낸
저녁 허수아비의 서글픈 얼굴처럼
어두워져 가면서 어두워져 가면서
저녁때면 들리곤 하던 건너편
아파트 색소폰 소리,
누군가의 인생의 마지막을 노래하는 것 같던
밤하늘의 멜로디,
울어 울어 시퍼런
질경이 풀 같던 애잔한 소리,
나 오늘 어느 예식장에서 들었네,
신랑이 불어 대는 색소폰 소리에
신부의 하얀 면사포 위로
떨어지던 노란 은행 잎들의
도톰한 입술을 보았네,
사랑한다 사랑한다
속삭이면서 너울너울
결혼식 하객들 속으로 날아들던
사랑의 멜로디에
허수아비 얼굴이 환해지는 것을 보았네

싱싱한 나무 관(棺)을 보면서

가을 교정을 거닐다
박물관 앞뜰에 나와 있는
아직도 싱싱한 나무 관을 보았네,
붉게 물든 단풍나무 옆에
서먹서먹하게 웅크린 모습,
검정 치마 흰 저고리 입고
나이트클럽에 온 조선 처녀 같았네,
새빨간 미니스커트
단풍나무 그 허연 허벅지가
괜시리 시큼해 보였네,
사랑하는 어린 자식을 안고
나무못으로 완벽하게 마무리 지은
죽음 속으로 사뿐히 걸음을 옮긴
어느 파평 윤씨 가문의 며느리 앞에서
늦가을 참새들만이
서늘한 날개를 파닥이면서
한 줌의 햇살을 쪼고 있었네
죽음의 모이주머니가 불룩해지도록

용안사 석정(石庭)에서

잔먼지보다 고운
눈발 흩날리는 석정.
싸리비로 곱게 빗질한
모래 바다 위에 떠 있는 섬들.

바람 소리 풍경 소리
들리지 않는 말소리처럼
덩그러니 놓여 있는 마음들.

얼굴을 때리는 가는 눈발 속에
빈칸을 채우지 못한
내 마음속엔
또 다른 석정.

시집

쓸쓸한 생각들의 지하창고다.
그 어두운 길을 거닐어
누군가 올까 기다린다.
추억의 앨범이다.
울긋불긋 기억들이 물들어 있는.

누구하고 한잔하고 싶을 때
그 기억의 창고에서
좋은 포도주를 한 병
발견할 수 있다면
영혼을 취하도록
세수시켜 줄 수 있다면

어느 생

기억난다,
엄지와 검지에 스미던
장난기와 살의의 느낌이,

내 어린 시절의 그리운
풍뎅이는 돌고 돌아가면서
프로펠러처럼 땅바닥 위에
제 생의 마지막 원을 그리며
내 기억의 망막에 또 다른
중심 없는 허무를 그려 놓았지

엎어진 몸 혼신의 힘을 다해도
똑바로 일어설 수 없었지
어쨌든 머리는 제대로 땅을 향하고 있었으니까

누가 비틀어 놓았는가,

비 맞은 생 하나가 지하도 아래서 저물고 있다
머리는 땅을 향한 채,
아무리 뱅뱅 돌아도

이곳에서 이륙할 수는 없는가

땅속으로 스미지 않는
20세기의 마지막 빗물이
날개 잃은 생을 흥건히 적시고 있다

무슨 꽃

내가 서 있던 자리에 풀이 자란다면,
그건 무슨 풀일까,
무슨 꽃을 피워 올리고,
지나가는 사람들에게 무슨 웃음을 지어 보일까,
내가 나를 무엇인지 모르고 한세상 살다 간 곳에
풀이 나고 꽃이 핀다면,
그것은 이 세상 사람들 아무도 모를
무슨 꽃이리라,
무슨 꽃인지 몰라
나비들도 물음표를 해 두고
지나가는 벌들에게 조심하라고 알릴
무슨 꽃,
항상 의문문으로 가득 차
머리를 의문스럽게 쳐들었다가
살짝 고개 숙인 꽃,
내가 누군지 몰라 저 혼자 궁금한 꽃이리라

구례 화엄사에서

초입, 시커먼 바위들의
억센 주름마다
시간의 머리카락이
하얗게 뿌리를 내렸다

4사자삼층석탑 위엔
누군가의 기억이
먼지처럼 뿌려져
짙푸른 여름 비 속에
현재를 향해 녹아 내린다

계곡 물소리에 씻겨
어디선가
시간의
씨앗 자라는 소리가 들린다

무르익은 하늘에선 여전히
물고기가
파닥대며 헤엄을 치고

대웅전의 키가 아까보다
한 뼘은 커졌다.

화엄의 세상은
저 아래쪽에 있다

나는 왜 여기서 이러고 있나
── 김춘수의 글귀를 변주하여

소쩍새가 가르고 간 하늘가
이내가 내리고
공동묘지 황토 더미에 나도는
도깨비불 빛들,
나는 왜 여기서 이러고 있나
어린 저녁 무렵이면 들던 생각,
담장 옆 봉선화가
외롭게 씨를 터뜨리고,
멀리서 다가오는 누군가의 발걸음 소리,
나는 왜 여기서 이러고 있나
삼보산 조그만 암자에서 들려오던
새벽 불경 소리,
겨울이면 추운 공기를 핥으며 들려오던
부엉이 울음소리,
나는 왜 여기서 이러고 있나,
초여름 비가 푸른 강물을 만들던 날,
테이블에 앉아 조용히 책을 읽는
나는 왜 여기서 이러고 있나
아내는 무언가를 쓰고 읽고
둘째 아이는 어린이신문을 읽고
나는 왜 여기서 이러고 있나

장미 날다

울타리에 장미들이 서로 부둥켜안고 피었습니다.
꽃들은 없고 새빨간 심장만 남았습니다.
숱한 태양을 들이마셔 가슴이 홀딱 타 버렸습니다.
내 가슴속으로 와락 달려드는 검은빛 붉은 꽃,
내 피를 찍어 마시더니 깃털이 돋고
내 한숨을 느끼더니 목청을 얻고
내 웃음에 경쾌함을 받더니 한 마리 새가 됩니다.
한 마리 붉은 새가 되어 날아갑니다.
나를 읽는 모든 이의 가슴속으로 날아다닙니다.

누구나 꿈꾸는 것,
시가 사람들의 가슴속으로 날아다닙니다.
밤에는 모르는 여인의 가슴속에 깃들었다가
다음 날 누군가의 가슴을 향해 날아갑니다.

사람들 가슴마다 하트 모양의 공간이 생겨
그곳으로 새가 날아다닙니다.
붉은 장미 한 마리가 날아갑니다.

나는 꿈꿉니다.
언젠가 내가 그런 장미 한 송이가 되기를.

그러므로 나는 존재한다

'곰의 집'을 지나 북악스카이웨이,
이른바 하늘 길이다.
팔각정으로 이어지는 길,
그곳에 무슨 큰 호수라도 있을까 하여
지상의 물일랑 모두 두고 오른다.
제 세상 만난 나뭇잎들의 조잘거림을 스치며
나는 느낀다.
빨강, 파랑, 은빛, 황토색,
온갖 색깔들이 내뿜는 기운을.
내 몸에 색깔을 주는 욕망의 마음들을 느껴
그러므로 나는 존재한다.
바늘처럼 귀를 콕콕 찔러 대는
딱따구리 울음소리에 아픔을 느껴
그러므로 나는 존재한다.
발가락 사이에서 느껴지는 땅 기운이
나를 존재케 하지만
"물은 물이요 산은 산이로다."라는
안개 낀 성철 스님의 말은 나를 허무케 한다.
길가의 어린 패랭이꽃이 있어
그러므로 나는 존재한다.

존재하는 나를 느끼는 내가 있어
그러므로 하늘 길은 존재한다.

석양주(夕陽酒)

허름한 문을 드르륵 열고 들어서는
1970년대풍 막걸리 집에서
살짝 데친 꼴뚜기를 안주 삼기도 하지만
우리의 기본 안주는
저녁 햇살에 붉게 익은 노을이라네.
그 부침개만 바라보아도
서서히 달아오르는 취기,
넘어가면서 흩뿌리는 태양의
아쉬운 생각이 속속들이 배어
석양주 한 잔 속에 낙엽이 담기네.
지난가을에 보아 두었던 그 북한산
성문 아래 보리수의 붉은 낙엽이 살아나네.
사라지며 빛나던 보리수의 푸른 기운,
그 이파리 하나가 술과 하나 되어
햇살 비켜 가는 내 마음에 떨어지네.
붉게 물든 내 얼굴 너머로
해가 지네. 석양주가 지네.
가야금산조의 두툼한 울림 속에
음표 하나 술잔에 파문을 일으키며
하늘로 날아가네. 아쉬운 사랑의 낮은

음표로 박히네. 길고 낮게
사라지며 붉게 살아남기 위하여.
나는 석양주를 한 잔 쭉 들이켜네.
나도 사라지며 붉게 살아남기 위하여.

III 정물

나무들

 곁에 있다고 같은 핏줄은 아니다. 파스텔 푸른빛 옆엔 크레용 빛 기름기 나는 성근 파랑이다. 태양의 빛줄기를 받아치는 자세도 다르다. 타격의 각이 제각기 달라 내뿜는 호흡도 다르다. 빛의 어루만지는 손길에 따라 반응하는 색깔도 다르다. 제 몸을 때리는 빗줄기를 향해 품는 마음도 다르다. 다소곳한 마음, 대들고 싶은 마음, 아니면 아무것도 아닌 마음. 바람을 대하는 태도도 달라 어떤 것은 사랑을, 어떤 것은 미움을 표현한다. 마음의 관절을 손가락 꺾듯 우두둑 꺾어 가며 뭔가를 표현하려는 것도 있지만, 흐르는 공기 앞에 가슴을 풀어헤치는 것도 있다. 가쁘게 손을 흔드는 것도 있지만 부러 모르는 체하는 것도 많다. 그러나 자세히 보면 뭔가를 기다리고 있는 눈빛이다. 멀리 아파트 꼭대기에서 바라보는 내 눈에 그들은 모두 하나의 눈빛으로, 푸른 거미의 아기자기한 격자 눈빛으로 뭔가를 올려다본다. 그 한 가지 푸른빛의 생각들은 모두 같은 방향을 바라보고 있다. 마치 그곳에 자신들을 구원해 줄 무슨 손길이라도 있는 듯.

유기농 시(詩)

멀리 밤마다 각설탕처럼 반짝이는 네온사인. 전답 모양으로 주르륵 펼쳐졌다가 다시 쪼르륵 쪼그라들어 뭔지 분간이 가지 않는 곳. 거친 불빛을 경작하는 이 있어 그곳엔 밤의 유기농 재배가 성행하는가. 소 몰고 밭 가는 농부가 있어 그곳의 삶을 기름지게 하는가. 울창한 불빛의 아마존 숲. 시커먼 불빛의 그늘 아래 자라는 그곳의 상추를 먹고 무를 뽑아 먹으면 내 시가 유기농 시가 될까. 내 시를 먹은 사람의 혼에 노란 배추꽃이 피었으면 좋겠지만. 꿈꾸는 자의 머리 위로 호랑나비가 훨훨 날았으면 좋겠지만 그리고 내 시의 밭에 흙을 파헤치며 제 몸을 굴리며 흙을 기름지게 하는 혼의 지렁이가 꿈틀댔으면 좋겠지만. 그리하여 내 시가 용이 되어 승천하였으면 좋겠지만. 매일 찾아오는 밤은 비릿한 비료를 잔뜩 들고 와 삶의 키를 뒤집어쓴 내 머리에 인공의 조미료만을 흩뿌리나니 밤은 그저 누런 네온사인과 함께 미끄러져 갈 뿐.

그래도 오늘 밤 유기농 농사를 짓는 농부가 소를 몰고 내 시의 밭으로 와 주었으면 좋겠다.

정물

　숨결 자국이 묻어나는 청정한 고요 속에 있다. 천 길 지하의 물소리마저 들릴 것 같다. 은밀하게 저승과 소통하는 듯 사과의 표정엔 얼핏 소름이 돋는다. 하지만 은빛 쟁반은 부릅뜬 눈으로 사과에게 삶의 경계를 일깨운다. 그 통에 사과는 표정이 더욱 불그레해진다. 선방에서 참선하는 붉은 승려다. 안과 밖의 모든 소요를 잠재우려니 그의 얼굴은 더욱 굳는다. 조그만 서창으로 비쳐 드는 바깥 햇살에 안쪽의 흰 살은 사뭇 들끓는다. 하지만 고요의 거푸집 속에 갇혀 있는 사과는 거기서 벗어날 수 없다.

무덤에 핀 아카시아

　무덤의 둥글게 말아 쥔 주먹도 이젠 무섭지 않은 듯 아카시아는 제 풋풋한 손으로 삶의 흔적을 슬쩍 건드려 본다. 삶의 긴장이 터져 버린 봉지 속에 아예 빨대를 꽂고 한 인생이 평생 모아 두었던 상큼한 '종합녹즙'을 들이마신다. 캄캄한 어둠을 밝히려 누군가 한평생 들고 다녔던 청사초롱들이 아카시아 가지마다 하얗게 매달린다. 지난날 퍽 소리와 함께 어둠 속으로 사라졌던 알전구들이다. 꿀벌들의 어두운 삶을 밝혀 주는 불빛들이 늦은 봄 황사 낀 하늘에 저승의 강물을 휘돌아 달려온 배들의 깃발처럼 나부낀다. 아직도 생명의 전기가 흐르는 북악산 중생대 하늘에 시조새의 근육이 퍼뜩 살아난다.

졸음

  소파 위의 몸뚱이 위로 살며시 덮여 올 땐 옅은 푸른빛이다. 물총새 울음소리를 날개에 살짝 머금은 시냇가의 실잠자리. 그 날개 빛이다. 그 푸른빛 빛나는 날갯짓에 일렁이며 계곡을 따라가면 가재 잡던 소년의 찌푸린 얼굴이 버드나무 풀뿌리 속으로 숨던 메기의 수염과 함께 물속에서 흔들린다. 소년의 손에 들린 조그만 어레미도 흔들리고 소년의 까만 눈동자도 흔들린다. 소년의 눈동자 속의 메기의 수염은 더욱 흔들린다. 소년의 마음속에 미리 잡혀 있는 메기의 눈동자는 더욱 난폭하게 흔들린다. 소년의 떨리는 손길은 더욱 흔들려 물속의 메기는 화들짝 놀라 도망치고 순간 푸른 잠자리의 날갯짓은 졸음 너머로 사라지고 붉은빛이 소파 위의 몸뚱이를 감싼다. 다시 돌아온 그의 현실은 붉다. 졸음은 붉게 타 버리고 없다.

저수지

 출렁이는 그곳의 물결을 생각하면 그곳엔 늘 뭔가가 켜켜이 쌓여 있다는 느낌이다. 안에서 밀어내는 그 무엇이 물결의 주름을 만들어 내는 것 같다. 물론 맑은 날 산꼭대기에서 내려다보면 물살을 가르는 집채만 한 잉어의 시커먼 등짝이 보이기도 하지만 그렇다고 그 잉어 한 마리가 저수지의 물결을 다 만들지는 못한다. 스쳐 지나가는 바람은 표면에 파문을 만들 뿐 전체적인 출렁임을 만들어 내는 것은 뭔가 다른 것이다. 어떤 사람은 저수지 밑바닥에 커다란 샘구멍이 세 개가 있어 거기서 물이 콸콸 쏟아져 나와 물결이 출렁이는 거라고 했다. 그러나 그곳에 출렁임을 만드는 것은 저수지 밑바닥으로 흐르는 시간인 듯하다. 밑에 있던 시간의 더께가 녹으며 우리의 기억의 표면 위로 떠오르듯이. 내가 이렇게 저수지를 말하는 것은 내 안에 켜켜이 쌓여 있는 기억들 때문이다. 서로 밀치며 내 마음의 표면으로 떠오르려는 아픈 기억들이 나를 바람 한 점 없이 맑은 날에도 출렁이게 한다.

머슴

 전쟁 통에 마을로 흘러들어 온 그는 가슴에 꽃 대신 단도를 품었다고 한다. 그는 가끔 민들레 꽃을 입에 물고 신작로 옆 마당 바위 위에 벌렁 드러누워 두터운 하늘을 자기 가슴께로 끌어당겼다. 저녁 이슬이 하늘을 적실 무렵 그의 몸은 하늘 한 귀퉁이를 쪼는 소쩍새 울음소리에 흠뻑 젖었다. 민들레 노란 돛대를 달고 그의 기억의 배는 누군가의 품속으로 흘러갔다. 일렁이는 달빛에 좌우로 흔들리면서. 아픈 기억보다 더 날카로운 단도가 어디 있겠는가. 한밤중이 되면 지난날 싱싱했던 그의 심장은 너덜너덜 누더기가 되어 더 이상 추스를 수가 없었다. 심장에 거뭇거뭇 세월의 이끼가 낀 그는 거센 바람에도 움직이지 않는 풍향계일 뿐이었다. 기억의 섬으로 가는 배는 이제 길을 잃었다.

개구리

 어린 시절 아무렇게나 돌로 쳐 죽일 수 있던 개구리와 눈을 마주친 적이 있는가. 온 여름밤을 수천 화음의 아코디언 소리로 가득 채워 주던 그 쓸쓸한 소리통들의 안쪽을 들여다본 적이 있는가. 아이들과의 공모나 공연한 화풀이로 개구리를 돌로 쳐 죽이던 순간의 자신의 열에 들떴던 가슴속을 들여다본 적이 있는가. 개구리의 그 축축한 친숙한 낯설음을 여린 손가락 지문에 느껴본 적이 있는가. 여름 한철 붉고 큰 입을 벌려 장미꽃을 피워 올리며 논바닥을 공연장으로 만들던 소리의 장미꽃 밭을 직접 눈으로 구경한 적이 있는가. 그곳의 아름다움을 느끼며 자신의 치사했던 마음의 굴곡을 손으로 만져 본 적이 있는가. 이 세상 모든 개구리들이 맞아 죽거나 기생처럼 노래나 들려주기 위해 존재하는 것이 아님을 장맛비 내리는 날, 아파트 꼭대기에서 생각해 본다. 멀리 빨강 노랑 파랑으로 흔들리는 네온사인들이 개구리들의 노랫소리 같다. 아, 자신의 생 앞에 경건한 독립투사 같은 것들! 오늘은 나도 언제나 독립을 외치는 그들의 어두운 마음의 안길을 걷고 싶다.

섬

 그 섬에 사는 사람들은 모두 착하게 흰옷을 입는다. 하지만 때로는 속에 입은 붉은 옷이 삐져나오기도 한다. 그들은 사시사철 골치가 아프기 때문에 늘 아스피린을 달고 산다. 그들은 모두 위장한 포템킨의 마을에 산다. 그 섬으로 가는 배를 타기 위해서는 많은 돈을 들여야 한다. 오래된 마을에 가서 여러 훈장을 만나야 한다. 지금도 많은 사람들이 그 섬에 가려고 과외를 하고 재수를 한다. 그곳에서는 사람이 죽어도 묻지 않는다. 그러나 그 섬에는 진짜 나무는 자라지 않고 갈매기도 날지 않는다. 모두 동서남북으로 갈라진 언어의 섬일 뿐이니까. 그래도 그 섬에는 밤낮으로 바람 잘 날 없다.

채송화

 머릿속을 맴도는 기억들이 마디마다 통통하게 배어 있다. 땅바닥을 기며 상형문자를 그리는 고사리 같은 팔뚝엔 푸른 문신을 새겨 갖고 있다. 힘을 줄 때마다 기억의 마디가 얼른 주둥이를 여민다. 무더운 여름날 새벽 마당을 가득 채우곤 했던 불안의 공기. 어린 가슴을 콩콩 뛰게 했던, 당장 일어나 마당의 풀을 뽑고 돌멩이를 주우라고 외치던 아버지의 날카로운 음성. 가슴을 에는 듯한 날카로움 속에서도 세상 한쪽을 포근하게 해 주었던 어머니의 숨죽인 새벽 기도 소리와 때로 깨진 밥그릇에서 떨어져 나온 사금파리에 듣던 빗방울 소리. 한밤에 쏟아지던 꼬마의 뜨거운 오줌발. 제 몸을 타고 오르던 송충이의 가려운 몸짓. 여름날 저녁 마당 한쪽에서 타오르던 모깃불과 식구들의 두런거림. 오늘 아파트 베란다에 피어 있는 채송화가 기억을 잔뜩 짊어진 채 나를 향해 자꾸만 뭐라고 지껄인다. 내 가슴속 통통한 기억의 마디가 후두둑 꺾인다. 내 몸속 어딘가에 어린 시절의 마당을 돌아온 푸른 물이 흐른다.

난초

　온 가족이 함께 모여 밥 한 숟가락 뜨고 나서 뒷문으로 바라보면 그사이에 무슨 훌륭한 일이라도 해낸 것처럼 조금 더 자라 있곤 하던 너. 햇살을 피해 포도 나무 그늘 축축한 땅에 자리를 잡고 유배당한 선비처럼 숨어서 무슨 학문이라도 하는 듯 흰 대궁을 살그머니 들어 올리며 속으로는 좀 잘난 척도 했지. 봄이 되면 지나가는 사람을 향해 희고 연약한 여인의 팔로 불쑥 보랏빛 손수건을 내밀었어. 거기에다 사랑의 시라도 적어 보라는 듯이. 그 유배지에서 수십 년을 지내다가 이젠 내 가슴속으로 들어와 흰 뿌리를 내리고 가끔 그 시절을 향해 지금도 보랏빛 손수건을 흔들곤 하는 너. 내 유년 시절의 다정했던 보랏빛 누이여. 이제 너의 그 보랏빛 손수건에다 난 사랑의 시를 적는다. 난초를 넘어선 난초를 위한 사랑의 시를.

합장(合葬)

 뻐꾸기가 운다. 그 울음소리에 초여름 더운 공기가 숲쪽에서 물결치며 밀려온다. 뻐꾸기가 소리의 끝을 꺾으면 약간은 트로트풍으로 들린다. 뻐꾸기도 다 개성이 있군. 형제들은 다시 한집 살림을 시작한 아버지 어머니를 향해 노랫가락에 맞추어 절을 올리고 그것을 알아차리기라도 한 듯 뻐꾸기는 한 옥타브 올려 산골 마을의 푸른 계곡 사이로 메아리를 만들어 낸다. 사방에서 울려 퍼지는 뻐꾹 소리가 다시 왈츠로 바뀌면 형제들은 다시 왈츠풍으로 절을 올리고 옛날 일은 다 잊는다. 오래 같이 걸어왔다. 지금까지 잡고 왔지만 언젠가 쥐었던 힘을 풀 손으로 서로에게 잔을 따르고 산 아래 곧게 뻗은 길을 바라다본다. 각자 타고 온 자가용들이 길가 논둑에 똥방개처럼 들러붙어 있다. 제례가 끝나자 뻐꾸기도 출연료를 받아서 돌아간 모양이다. 조용하다. 나무와 풀들이 내쉬는 푸른 숨결까지도 목구멍을 턱턱 막는다. 초여름의 햇볕만 따갑다. 살갗을 괴롭히는 더위는 싫다. 모두들 어서 무대에서 내려가고 싶은 듯 차들이 있는 쪽으로 걸음을 옮긴다. 합장을 주도하던 가수 뻐꾸기도 퇴장하였으므로.

IV 추억

사랑

어둠의 아가리 속으로 빨려 들어가
라이터 불빛처럼 꺼져 가는
소실점 하나
길바닥에 굴러간다.
누구의 가슴에서 떨어져 나온 걸까.

편견

제 물건보다
작으면 살려 두고
크면 죽이는
섹시한 잣대

철학

나도 그 섬에 가고 싶다.
그러나
내겐 배가 없다.

시기심

고사리 손에 들려 있는
단단한
차돌멩이 하나

여자

내 가슴에
뭔가 들어 있음을 느끼게 해 주는
야릇한 향기

마늘

생의 본능 앞에
누운
독한 누드모델

추억

달이 빠져 있는
어머니의
우물

술

모든 것이
가능한
천국

비

쓸거나
맞거나
광이거나

담배

여인을
들어 올리는
알라딘의 램프

벼락

검은 종이를
북 찢는
더러운 신경질

까치

어린 시절
엿장수
가위 소리

책

저 혼자
골똘히 생각에 잠긴
움막

영안실

늙수그레한
불빛 몇
쭈그리고 앉아 있다
마치 동네 노인정처럼

신발

쉼 없이 실룩대며
멀리 무덤을 바라보는
볼록한 코

태풍

불어 닥치는 바람을 향해
나무마다 풀피리를 입에 물었다
아, 이 빡빡하고 숨 가쁜
고민할 틈도 없는 시간이여.
미친 듯 떨리는 푸른 목울대,
하늘과 땅이 온통 공명관이다
껴안을 것은 제 몸밖에 없다
우리 사는 게 다 그렇듯이
수탉처럼 목울대에 핏대를 올리면서
바람은 누구나의 머릿속에서
늘 태풍 되어 불어 닥친다

허무의 바다

꽃은 꽃 핀다 파도는 물결친다
나무는 노래한다 새들은 흔들린다
많은 것을 놓친 파도가 바위에 와
부딪히며 허허롭게 웃어 젖히며
손바닥을 허문다 시간은 흐르고

생각의 열매

기차를 타고 달리다 보면
나그네처럼 찾아드는 생각,
잔잔한 서귀포 앞바다처럼 퍼진
새파랗게 푸른 벼들의 바다,
삼복더위 뜨거운 햇볕 아래
이를 악물고 서 있는 한 포기 벼의
종아리에 파란 힘줄이 또렷하다,
통통한 벼 몇 알을 위한 저 불끈한 의지.
기찻길 옆 시뻘겋게 녹슨 오두막
정겨운 담벼락 아래로 배를 땅에 대고
기고 있는 호박 줄기 그 둥근 호박잎 끄트머리
노랗게 핀 호박꽃의 얼굴에서 땀이 솟는다,
여름날의 뜨거웠던 생각을
가을 지붕에 둥그렇게 올려 보겠다며.
숨을 턱턱 막아 목숨을 앗아 버릴 듯한
뜨거운 햇살 아래 누구나 입술을 깨물며
제식훈련 하듯 차렷 자세로 서 있는 것은
제 생각이 여물기를 기다리기 때문이다.
뜨거운 물줄기로 쏟아지는 햇살을 흠뻑 맞으며
여름날의 들판은 여러 생각들로 가득하다

■ 작품 해설 ■

변용의 시학
— 색채와 음향의 이중주

오형엽

　김재혁의 시는 마음과 조응하는 사물의 풍경화를 그린다. 시인의 마음이 세상의 사물을 찾고, 그 사물들이 다시 시인의 마음을 열어 밝힐 때, 시의 언어가 탄생한다. 내면 의식이 외부의 사물과 만나 공명할 때 이미지가 생성되는 것이다. 그런데 마음의 풍경과 사물의 풍경이 교직하며 상호 침투하는 자리에서 이미지는 변형되며 변전된다. 이 내밀한 변형과 변전의 과정을 고찰할 때, 김재혁 시가 보여 주는 독특한 이미지와 상징의 양상이 이해될 수 있을 것이다.

　　나는 풍경 속으로 걸어 들어갔다
　　냄새보다 색깔이 먼저 다가오던
　　도봉산,

새빨간 눈매로 유혹하는
그 진한 향기에 이끌려 나는
자꾸만 자꾸만 위로 올라갔다
시나브로 어둠이 내리고 있었지만
붉게 타오르는 뜨거운 단풍의 솥 속에서
나는 서서히 익어 가는 물고기처럼
파닥거리며 조금씩 살점을 풀어 주었다
살점이 덜어질수록
나의 몸은 공기처럼 가벼워졌다
헐떡이는 숨결에 따라 나는 공처럼 튀어 올랐다
시커먼 고등어 등짝 같은 바위도 붉게 끓는
물결 속에서 허옇게 속살을 내보이며
빨간 고춧가루와 어우러지기 시작했다
부글부글 온 도봉산이 다 끓어올라
하늘의 솥뚜껑이 열릴 무렵
나는 완전히 사라졌다
생활의 뼈만 남기고
붉은빛 속으로

———「가을 산」전문

    가을 산행의 체험을 형상화한 이 시는, 풍경과 공명하며 상호 침투하는 시적 자아의 모습을 잘 보여 준다. "풍경 속으로 걸어 들어"간 "나"는 "냄새보다 색깔"에 먼저 반응한다. "새빨간 눈매"로 유혹하는 산의 자태는 "붉게 타오르는 뜨거운 단풍의 솥"으로 비유된다. "단풍"의 '붉은색'이 시인의 내면 의식에 어떤 반응을 일으킨 것일까? 시적 화자는 "익어 가는 물고기처럼/ 파닥거리며 조금씩 살점을 풀어" 준다. 이 상황은 "공기처럼 가벼워졌다"라는 정화와 비움, "공처럼 튀어 올랐다"라는 생명력의 약동, "어우러지기 시작했다"라는 자연과의 융합, "완전히 사라졌다"라는 승화의 상황으로 이어지면서 시적 주제를 완성시켜 나간다. 여기서 우리는 김재혁 시의 다음과 같은 특징을 확인할 수 있다. 첫째, 자아의 내면이 외부의 풍경과 만나 상호 작용하면서 시적 비유가 형성된다. 둘째, 풍경의 양상 중 특히 색채에 민감하게 반응한다. 셋째, 시적 비유가 생성되는 과정에서 자아는 정화와 재생과 융합과 승화를 시도한다.

한편 우리는 아직 해소되지 않은, 다음과 같은 질문을 던질 수 있다. 첫째, 산을 "뜨거운 단풍의 솥"으로 비유한 것이나 시적 화자를 "익어 가는 물고기"에 비유한 것은 통상적인 비유의 방식을 벗어난다. 이처럼 김재혁 시가 보여 주는 독특한 비유의 양상을 어떻게 이해할 것인가? 둘째, 이 시를 지배하는 '붉은색'의 시적 의미는 무엇일까? 마지막 구절 "생활의 뼈만 남기고/ 붉은빛 속으로"를 해석하는 차원도 이와 관련될 것이다. 김재혁에게 시적 비유는 감각적 지각에서 비롯되지만, 거기서 그치지 않고 어떤 지적 변용의 과정을 거쳐 생성된다. 이 시에서 화자는 가을 산의 단풍이 보여 주는 "붉은빛"에 공명하면서 그 뜨겁게 타오르는 듯한 감각적 연상에 '끓는' "솥"이라는 지적 변용의 옷을 덧입히는 것이다. 사물의 현상이 불러일으키는 감각적 지각에 시적 자아의 내면적 연상을 결부할 때 생겨나는 핵심적인 상징이 바로 "붉은빛"이다. 그래서 "붉은빛"은 정화와 비움, 생명력의 약동, 자연과의 융합 그리고 승화라는 시적 자아의 추구를 응축하는 상징이 된다. 이처럼 높은 밀도를 내장한 김재혁 시의 이미지는 통상적인 상징이 아니라, "메타포가 필요 없는 사랑과 본능의 강줄기"(「묘비명」) 같은 것이다.

마지막 구절에서 "생활의 뼈"는 '흰색'을 연상시킨다. "생활의 뼈"의 '흰색'과 "붉은빛"의 대비는, 시인이 추구하는 정화와 재생과 승화가 일상적 '생활'을 배반할 때 생겨나는 것임을 암시한다. 그런데 "생활의 뼈만 남기고"라는 표현은 시인의 추구가 생활의 폐쇄된 공간 속에서 좌절될 수 있다는 여운을 남긴다. "나는 완전히 사라졌다"와 "생활의 뼈만 남기고" 사이에는 어떤 간격이 있으며, 이 봉합할 수 없는 균열과 갈등이 김재혁 시를 생성시키고 이끌어 가는 한 동인(動因)이라고 볼 수 있다. 김재혁 시의 핵심적 상징인 "붉은빛"은 그 의미가 고정되지 않고 문맥에 따라 다양하게 변화하므로, 세심한 독해가 요구된다. 다음의 시들을 살펴보자.

1)
내 기억 속에 붉게 물들어 있는 너,

나는 너를 언젠가 보았다
내 마음속에서 사시사철 피어나
여러 번의 변신을 겪으며
이제는 한 송이로 남은 너.

(중략)

내 가슴속에 들어와
내 심장의 자리에 붉게 피어 있는
너는
사랑의 상징도 그 무엇의 상징도 아닌
붉게 터져 나오는
너털웃음이다
내 심장이 웃어 젖히는

내 그렇게 살고 싶으니
       ——「심장 속 장미」부분

2)
야자수 위로 올라간 원숭이의
엉덩이는 더욱 빨갛게 빛났다
빨갛게 무르익은 그 엉덩이를 향해
사람들은 혓바닥으로 화살을 쏘아 댔다
지금까지 나는

살아 있는 고요를 보지 못했다
　　내 몸속에서 굽이치는
　　피의 물결마저도 너무나 시끄러웠으므로
　　　　　　　　　　　　──「고요」 부분

　3)
　　단단한 석 자의 한자로 새겨진
　　나와의 붉은빛 인연이다
　　가운데 글자는 새파란 서리 상(霜) 자,
　　언젠가 아버지의 감시가 소홀해졌을 때
　　내 손안에 들어와
　　서리 같은 서늘함을 싸늘히 맛보며
　　콩콩대는 가슴으로 몰래 찍어 가던 성적표
　　그때의 죄책감이 조금은 되살아나
　　내 이마에 아버지가 너를 쿡 찍으실 것만 같다
　　아, 마음에 새겨지는 붉은 인주 같은 추억들,
　　　　　　　　　　　──「아버지의 도장」 부분

　1)은 시적 화자의 "마음속"에 핀 "장미"를 표현한다. "심장의 자리에 붉게 피어 있는" "장미"는, 현실적 존재로서의 장미가 시인의 내면 공간 속에서 변신을 겪으며 생성된 것이다. 언젠가 본 장미의 '붉음'이 기억 속에서 여러 번 변용되어 "심장 속 장미"가 되는 것이다. 그래서 이 장미는 "사랑의 상징도 그 무엇의 상징도 아닌" 새로

운 의미로 변전된다. 시인은 그것을 "심장이 웃어 젖히는" "너털웃음"이라고 말한다. "내 그렇게 살고 싶으니"라는 마지막 문장은 "심장 속 장미"의 '붉은빛'이 삶의 열정과 생명력을 내포하고 있음을 보여 준다.

2)는 "빨갛게 빛"나며 "빨갛게 무르익은" 원숭이의 엉덩이를 묘사한다. 그것을 향해 화살을 쏘아 대는 사람들의 "혓바닥"마저 붉은색이므로, 이 시에 온통 넘쳐 나는 '붉은빛'은 "살아 있는 고요"와 대비되는 삶의 소음을 의미할 것이다. 이 '붉은빛'은 "피"로 수렴된다. "몸속에서 굽이치는/ 피의 물결마저도 너무나 시끄러웠으므로"라는 마지막 문장은, "고요"를 갈망하는 시인에게 "피"가 상징하는 생명력조차 시끄러움으로 이해되고 있음을 보여 준다. '붉은빛'으로 상징되는 삶의 열정 및 생명력은 결국 역동성과 욕망이라는 이율배반성을 내포하는 것이다.

3)은 아버지의 도장을 통해 과거를 회상한다. "나와의 붉은빛 인연"이라는 구절에서 "인주"와 "피"를 연결하는 "붉은빛"은 '혈연'의 의미를 가지며, "마음에 새겨지는 붉은 인주 같은 추억들"이라는 구절에서는 이 혈연의 끈으로 현재와 과거를 잇는 '추억'이 가능해진다. 여기서 "붉은빛"은 과거에 대한 회상이라는 시간적 차원을 내포하고 있다. 우리는 이 세 편의 시를 읽으며 "붉은빛"의 상징이 지닌 입체성을 확인할 수 있다. 그것은 일의성(一意性)으로 고정되지 않는 복합적 의미망을 가지며, 그 속에 시간의 흐름이라는 자장을 함축한다.

한편 3)에서 "붉은빛"에 개입하는 "새파란" "서리 같은 서늘함"에도 주목할 필요가 있다. 복합성과 입체성을 지닌 "붉은빛"의 상징은 '푸른빛'과 대비할 때, 그 의미망이 더 선명히 드러날 수 있기 때문이다. 다음의 시를 살펴보자.

> 높은 곳에서 내려다보는 늙은 무덤의 생 아래로
> 참새 떼가 주둥이를 반짝이며 날아다닌다.
> 언덕 위쪽에 나무 울타리로 막아 놓아
> 올라갈 수 없는 무덤과 나 사이에 생이 펼쳐져 있다.
> 태조 이성계의 셋째 부인 강 씨의 무덤이라는 정릉(貞陵),
> 한 시절 시끄럽게 떠들다 목숨을 던지는 아카시아 꽃,
> 때를 알아 푸른 잎을 위해 자리를 마련해 주는구나.
> 짙푸름 속에서 주먹만 한 내 심장이 방망이질 친다.
> 아까 들리던 아이들의 소리는 이승에 남은 것 같다.
> 간혹 보이는 전봇대가 아직은 눈에 익다.
> 이마에 흐르는 땀에서 살 냄새가 느껴진다.
> 언덕 높은 곳에서 내려다보는
> 강 씨 부인의 둥글고 푸른 눈동자,
> 내 땀 냄새를 부러워하는가.
> 하얗게 땅바닥에 깔린 아카시아 꽃잎 위로
> 적막(寂寞)이 생(生)을 덮은 정릉(貞陵),
> 생이나 죽음이나 정숙(貞淑)해지는 곳이다.
> ——「정릉(貞陵)에서」 전문

이 시는 이번 시집에서 가장 아름답고 수준 높은 작품 중 하나다. 시적 화자는 정릉(貞陵)을 관찰하며 이승과 저승 사이의 거리를 가늠한다. "올라갈 수 없는 무덤과 나 사이에 생이 펼쳐져 있다"라는 문장은 이 시 전체를 지배하는 장력을 지닌다. 시인은 생을 무덤과 자신 사이에 놓여 있는 것으로 본다. 이것은 시적 자아가 자신조차 생의 영역, 즉 현생의 테두리를 벗어나 객관적 거리를 두고 바라봄을 의미한다. 그렇다면 시적 자아의 거처는 어디인가? "하얗게 땅바닥에 깔린 아카시아 꽃잎"을 보며 화자는 "푸른 잎을 위해 자리를 마련해" 준다고 생각한다. '흰 꽃잎'과 "푸른 잎"의 대비는 삶과 죽음의 대립을 말하는 듯하고, 그래서 "강 씨 부인의 둥글고 푸른 눈동자"가 "내 땀 냄새"와 "살 냄새"를 부러워하는 듯하지만, "아까 들리던 아이들의 소리는 이승에 남은 것 같다"라는 문장은 시적 자아가 이승도 저승도 아닌 그 경계 어디쯤에 있음을 보여 준다. "적막(寂寞)이 생(生)을 덮은 정릉(貞陵),/ 생이나 죽음이나 정숙(貞淑)해지는 곳이다."라는 결구는 정릉을 관찰하는 시적 화자의 마음이 생과 사의 경계를 가로지르며 유동하고 있음을 보여 준다. 따라서 이 시는 '푸른색'과 '흰색'이 대비와 조화라는 이중적 구도를 이루면서, 이승과 저승의 경계를 바라보는 시인의 시선을 형상화하고 있다.

이 시선은 시간의 흐름을 주시한다. 시간의 경계를 가늠하는 시선을 통해 김재혁의 시는 연륜의 깊이와 여유를

획득한다. 시의 내부에 웅숭깊은 여백과 여운의 미학을 만들어 내는 것이다. 결국 김재혁의 시는 '붉은색'과 '푸른색'으로 대표되는 색채의 대비와 조화를 통해 시간의 복잡다기한 주름을 형상화한다.

  나는 그때 그 안개의 냄새를 기억한다
  후텁지근한 생활의 목욕탕에서
  도망치듯 뛰쳐나와 새벽의 바람을 맞으며
  또 다른 생활의 방으로 향하던 그때
  학교 담벼락을 따라 새로 깐
  붉고 푸른 보도블록에 눈처럼 쌓이던 안개,
  그 안개의 향취에 오이처럼 상큼해지던
  보도블록의 따스한 숨결을 나는 기억한다
  터벅터벅 시간 속을 걸어가던
  내 발길에 와서 강아지처럼 매달리던
  안개의 귀여운 표정을 나는 기억한다
  그리고 안개의 포근한 입김 속에
  발목을 담근 채 물끄러미 내려다보던
  가을 나무의 그 쓸쓸한 얼굴을 나는 기억한다
  길가 수양버들 나뭇가지 사이로
  매끄럽게 빠져나가던 안개의 날씬한 허리와
  커다란 배라도 몰고 올 듯한 안개바다의
  그 출렁임을 나는 기억한다
  안개의 싱그러운 속살을

한 입 베어 먹은 나의 심장이
조금 부풀어 오르던 것도 나는 기억한다
그리고 그날 제 살을 밟으며
새벽길을 걸어간 나의 모습을
안개는 기억할 것이다
——「안개」전문

시적 화자는 새벽에 집에서 직장으로 출근하는 길에서 안개를 만난다. "후텁지근한 생활의 목욕탕"과 "또 다른 생활의 방"을 각각 '집'과 '직장'으로 간주한다면, 이 둘은 '생활의 공간'이라는 점과 '밀폐된 공간'이라는 점에서 공통점을 가진다. 시인에게 '생활의 공간'이란 본래적 자아의 순수와 생의 열망이 세월의 흐름을 따라 퇴색하고, 그 자리에 일상적 삶의 욕망과 갈증과 공허가 자리 잡은 공간이다. 이러한 '생활의 공간'들 사이에서 시적 자아가 만난 것이 "붉고 푸른 보도블록에 눈처럼 쌓이던 안개"다. 이 장면에서 우리는 '붉은색'과 '푸른색'과 '흰색'의 조합으로 이루어진 선명한 색채 이미지에 주목할 수 있다. 그러나 이 세 가지 색채의 대비와 조화는 단순한, 현상에 대한 시각적 형상화의 차원이 아니라, 생활과 기억, 감각과 의식, 욕망과 정화 사이의 간격을 주시하는 시인의 시선에 의한 시간의 주름의 관능적 형상화라는 차원에서 주목할 만하다.

이 시의 모든 문장들은 "기억한다" 혹은 "기억할 것이다"라는 서술어로 구성되어 있다. "나"는 "안개"의 냄새와 표정과 허리와 출렁임을 기억하고 "보도블록"의 숨결과 "가을 나무"의 얼굴을 기억하며, "안개"는 "제 살을 밟으며/ 새벽길을 걸어간 나의 모습을" 기억할 것이다. "기억한다"라는 동사는 "나"와 "안개"를 연결시킬 뿐만 아니라, '붉은색'과 '푸른색'과 '흰색'을 융합시킨다. '기억'은 현재와 과거를 연결하며 그 시간의 간격을 어떤 감각적, 정서적 대리물로 보충한다. 이 시의 "안개"는 이러한 감각적, 정서적 대리물이다. "안개"는 시인으로 하여금 일상적 삶의 갈증과 공허 속에서 상큼하고 따뜻한 향기를 맡게 하고, 귀여운 표정을 보게 하며, 포근한 입김과 싱그러운 속살의 촉감을 선사한다. 결국 이 다양한 감각들은 현재와 과거, 생활과 기억, 욕망과 순수의 간격을 주시하는 시인의 시선에 의해 비애와 우수의 정서를 형성하게 된다. 다채로운 관능적 향유로 전개되는 이 시 전체에서 유별난 표정으로 부각되는 것은 "가을 나무의 그 쓸쓸한 얼굴"이다. 이것은 바로 시간의 흐름을 의식하고 있는 시인의 공허와 회한의 정서를 새겨 놓은 것이다.

  시간의 풍화작용은 본래적 자아의 순결과 원초적 생명력을 퇴색시킨다. 그리하여 현재의 삶은 욕망과 갈증과 공허 안에 갇힌다. 김재혁의 시는 이 '생활의 공간' 속에서 과거를 회상하며 정화와 재생을 추구하기도 하고, 과거와 현재의 간격을 의식하며 공허와 비애와 우수에 젖기도 한다. 또한 미래를 내다보며 생과 사의 경계를 가로질

러 사유하는 초월적 비전을 보여 주기도 한다. 시인은 이러한 과거적, 현재적, 미래적 시선을 '붉은색'과 '푸른색'으로 대표되는 색채의 입체성과 '소리'의 화음을 통해 형상화한다.

> 울타리에 장미들이 서로 부둥켜안고 피었습니다.
> 꽃들은 없고 새빨간 심장만 남았습니다.
> 숱한 태양을 들이마셔 가슴이 홀딱 타 버렸습니다.
> 내 가슴속으로 와락 달려드는 검은빛 붉은 꽃,
> 내 피를 찍어 마시더니 깃털이 돋고
> 내 한숨을 느끼더니 목청을 얻고
> 내 웃음에 경쾌함을 받더니 한 마리 새가 됩니다.
> 한 마리 붉은 새가 되어 날아갑니다.
> 나를 읽는 모든 이의 가슴속으로 날아다닙니다.
>
> 누구나 꿈꾸는 것,
> 시가 사람들의 가슴속으로 날아다닙니다.
> 밤에는 모르는 여인의 가슴속에 깃들었다가
> 다음 날 누군가의 가슴을 향해 날아갑니다.
> ―「장미 날다」 부분

이 시는 김재혁의 시적 형상화 방식을 대표적으로 보여 주는 작품이다. 울타리에 핀 "장미"는 "새빨간 심장"으로 남고, "태양"을 마셔 "검은빛 붉은 꽃"으로 "가슴속"에

달려든다. 이 꽃은 다시 "피"를 찍어 마시고 한 마리 "붉은 새"가 되어 날아간다. 시인은 이것들을 자신이 쓴 "시"와 동일시하며, 결국은 자신이 "그런 장미 한 송이"가 되고자 희망한다. '장미—심장—태양—피—새'로 이어지는 상징의 연쇄는, 내면 의식이 외부의 사물과 만나 공명할 때 생겨나는 이미지를 높은 강도와 밀도로 응축하며 변용하는 과정에서 발생한다. 마음과 사물이 교직하며 상호 침투하는 자리에서 생기는 시의 풍경은 현재와 과거, 생활과 기억, 욕망과 정화, 생과 사의 간격을 충돌시키며 "검은빛 붉은 꽃"으로 피어난다.

"내 한숨을 느끼더니 목청을 얻고/ 내 웃음에 경쾌함을 받더니"에서, 우리는 '검은색'과 '붉은색'이 결합된 강렬한 색채 이미지가 "목청"과 "웃음"이라는 청각적 이미지와 긴밀히 결부되는 것을 본다. 김재혁의 시는 시각적 이미지와 청각적 이미지가 상호 침투하거나 변용되면서 새로운 이미지로 융합되는, 색채와 음향의 이중주를 들려 준다. "멀리 빨강 노랑 파랑으로 흔들리는 네온사인들이 개구리들의 노랫소리 같다"(「개구리」), "그라스가 한 곡조 뽕짝을 뽑아 댄다/ 그의 노래는 모두 빛으로 환산되어"(「막노동하는 밤」)를 보라. '시간의 주름' 위에 피어나 "너털웃음" 같은 소리로 터지는 "검은빛 붉은 꽃," 이 꽃은 다름 아닌 김재혁의 시다. 우리는 이 꽃을 피운 생성 과정의 비밀과 정체를 가리켜 '변용의 시학'이라고 부를 수 있을 것이다.

(문학평론가·수원대 국문과 교수)

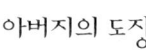

아버지의 도장

1판 1쇄 찍음 2007년 1월 12일
1판 1쇄 펴냄 2007년 1월 19일

지은이 김재혁
편집인 장은수
발행인 박근섭
펴낸곳 **(주) 민음사**

출판등록 1966. 5. 19. 제16-490호
서울시 강남구 신사동 506번지 강남출판문화센터 5층 (우)135-887
대표전화 515-2000 / 팩시밀리 515-2007
www.minumsa.com

값 7,000원

ⓒ 김재혁, 2007. Printed in Seoul, Korea
ISBN 978-89-374-0748-2 03810